Papierfresserchens MTM-Verlag

www.papierfresserchen.eu

Impressum

Besuchen Sie uns im Internet:
www.papierfresserchen.eu

Tostner Burgweg 21c – 6800 Feldkirch – Österreich
info@papierfresserchen.de

Leonie Ashwood (Herausgeberin)

Bildnachweise: Das Cover wurden mithilfe von
Künstlicher Intelligenz (KI) erstellt. Die Beschreibung und das Konzept
für die Bilder stammen von der Herausgeberin.

Druck: KDP Amazon
ISBN: 978-3-99051-491-7

Entdecke deine *innere* Stimme

DEIN JOURNAL FÜR INTUITION, SELBSTREFLEXION UND INNERE KLARHEIT

Für

Unser Buch ***Entdecke deine innere Stimme*** begleitet dich auf einer achtsamen Reise zu deiner inneren Stimme, deiner Intuition und deinem authentischen Selbst. Es enthält Reflexionsfragen, Rituale, Tracker und kreative Übungen rund um Selbstvertrauen, innere Führung und persönliche Entwicklung.

Vorwort

Deine Reise zu deiner inneren Wahrheit

In einer Welt voller Ablenkungen, Erwartungen und ständiger Reize wird die eigene innere Stimme oft leise. Zwischen Alltag, Verpflichtungen und äußeren Meinungen verlieren wir manchmal den Kontakt zu dem Teil in uns, der genau weiß, was uns guttut, was sich richtig anfühlt und welchen Weg wir wirklich gehen möchten.

Dieses Journal lädt dich dazu ein, wieder bewusster auf dich selbst zu hören.

Unser Buch ***Entdecke deine innere Stimme*** ist ein geschützter Raum für deine Gedanken, Gefühle, Wünsche und Erkenntnisse. Seite für Seite begleitet es dich dabei, deine Intuition zu stärken, Vertrauen in deine innere Führung aufzubauen und deiner eigenen Wahrheit näherzukommen.

Durch achtsame Fragen, Reflexionsseiten, kreative Übungen und kleine Rituale kannst du lernen, die leisen Impulse deiner Seele bewusster wahrzunehmen. Dabei geht es nicht darum, perfekt zu sein oder immer sofort Antworten zu finden. Es geht darum, dir selbst zuzuhören – ehrlich, offen und ohne Bewertung.

Vielleicht entdeckst du neue Klarheit. Vielleicht erkennst du alte Muster. Vielleicht findest du mehr Ruhe, Selbstvertrauen oder Mut, deiner eigenen Stimme zu folgen.

Nimm dir Zeit für dieses Journal. Nutze es intuitiv. Schreibe frei, kreativ und ohne Druck. Es gibt kein richtig oder falsch – nur deinen ganz persönlichen Weg.

Möge dieses Buch dich daran erinnern, dass die wichtigste Stimme in deinem Leben bereits in dir liegt.

Hinweis

So arbeitest du mit diesem Buch

Dieses kleine Buch ist dein persönlicher Begleiter für mehr Selbstreflexion, Intuition und innere Klarheit. Du kannst es täglich, wöchentlich oder ganz intuitiv nutzen – genau so, wie es sich für dich richtig anfühlt. Bevor du mit dem Schreiben beginnst, nimm dir einen ruhigen Moment für dich selbst. Atme bewusst ein und aus, komme innerlich zur Ruhe und öffne dich für deine Gedanken und Gefühle. Viele Seiten dieses Journals laden dich dazu ein, ehrlich mit dir selbst zu sein und ohne Bewertung zu schreiben.

Du findest in diesem Buch:

- Reflexionsfragen zu deiner inneren Stimme
- Übungen zur Stärkung deiner Intuition
- Tracker für Gedanken, Gefühle und Rituale
- kreative Seiten zum Zeichnen, Schreiben und Visualisieren
- Raum für persönliche Erkenntnisse und Entwicklung

Versuche, nicht zu viel nachzudenken. Oft entstehen die ehrlichsten Antworten aus dem ersten Gefühl heraus. Vertraue deiner Intuition und erlaube dir, frei zu schreiben. Dieses Journal muss nicht perfekt geführt werden. Manche Seiten wirst du ausführlich ausfüllen, andere vielleicht nur mit wenigen Worten. Wichtig ist nicht die Menge, sondern die Verbindung zu dir selbst. Du kannst:

- täglich kurze Gedanken notieren,
- wöchentliche Reflexionen festhalten,
- innere Botschaften aufschreiben,
- persönliche Muster erkennen,
- oder einfach einen sicheren Ort für deine Gedanken schaffen.

Je öfter du dir Zeit für deine innere Stimme nimmst, desto leichter wird es, ihr auch im Alltag zu vertrauen.

Einführung

Werde dir deiner Intention bewusst

Dies ist ein geschützter Raum, um den leisen Botschaften deiner inneren Weisheit zu begegnen.

Durch Reflexion, geführte Impulse und kreative Übungen stärkst du das Vertrauen in deine Intuition und lernst, aus deiner eigenen Wahrheit heraus zu sprechen.

Was möchtest du auf den folgenden Seiten über dich entdecken?

Das Ritual des Zuhörens

Bevor du mit dem Schreiben beginnst, nimm dir einen Moment Zeit, um deinen Geist zur Ruhe kommen zu lassen und deine Wahrnehmung zu öffnen.

1. Atme dreimal langsam und tief ein und aus.
2. Lege deine Hand auf dein Herz.
3. Frage dich sanft: „Was brauche ich gerade jetzt?"
4. Lass die Antwort ganz natürlich entstehen – ohne Druck und ohne Bewertung:

Meine innere Stimme

So klingt meine innere Stimme:

Übung: Innerer Kompass

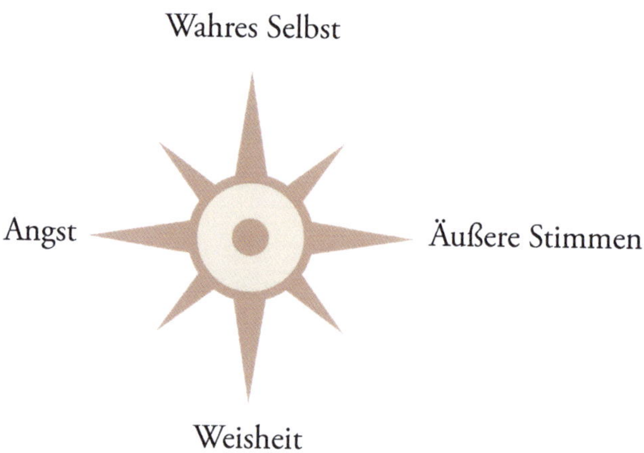

Notiere, was jede Richtung für dich bedeutet und wie sie dich zu deinem wahren Selbst führen kann.

Im Einklang mit meiner Intuition

Wann fühle ich mich besonders verbunden mit meiner Intuition?

....

....

....

....

....

....

....

....

....

....

....

....

....

....

....

....

Blockaden & Fluss

Reflektiere nun einmal deine innere Welt:

Was hindert mich daran, mich selbst zu hören?

Was hilft mir, in den natürlichen Fluss zu kommen?

Vertrauen belohnen

Schreibe über einen Moment, in dem du dir selbst vertraut hast – und es sich als richtig erwiesen hat.

Körper-Geist-Seele Check-in

Nimm dir einen Moment Zeit und schreibe auf, wie du dich in diesen einzelnen Bereichen fühlst:

Körperlich:

Emotional:

Mental:

Spirituell:

Botschaft deiner inneren Stimme

Wenn meine innere Stimme mir heute eine Botschaft senden könnte, würde sie sagen …

Geführte Visualisierung

Schließe deine Augen und stelle dir vor, du begegnest deiner inneren Stimme als weise Begleiterin.

Wenn du bereit bist, beschreibe oder zeichne sie hier:

Wie sieht sie aus?
Was sagt sie dir?

Die eigene Stimme erheben

In welchem Bereich meines Lebens bin ich bereit, für mich selbst einzustehen?

Dialog mit einer inneren Stimme

Nutze diesen Raum für ein schriftliches Gespräch zwischen dir und deiner inneren Stimme.

Schreibe deine Gedanken in die Spalte „Ich“ und die Antworten deiner inneren Stimme in die Spalte „Innere Stimme“.

Ich	**Innere Stimme**

Vertrauen im Alltag

Wie würde mein Alltag aussehen, wenn ich mir zu 100 Prozent vertrauen würde?

....

....

....

....

....

....

....

....

....

....

....

....

....

....

....

Geführte Visualisierung

Bewerte dein aktuelles Vertrauen in dich selbst auf einer Skala von 1 bis 10.

1 Sehr geringes Selbstvertrauen

10 Sehr hohes Selbstvertrauen

Nutze den Platz darunter für Notizen:
Wie kannst du dein Selbstvertrauen stärken?

Bewertung

Hinweise zur Optimierung

Tagebuch deiner inneren Stimme

Halte deine täglichen Begegnungen mit deiner inneren Stimme fest.

Datum	Situation	Meine innere Stimme hat gesagt	Ergebnis

Intuitions-Erfolge

Notiere Momente, in denen dir deine Intuition geholfen hat oder zu positiven Erfahrungen geführt hat.

Datum: ....

Moment:

Ergebnis:

Datum: ....

Moment:

Ergebnis:

Datum: ....

Moment:

Ergebnis:

Mut zur eigenen Stimme

Halte fest, wann du deine Wahrheit ausgesprochen hast.
Du kannst die Felder ausmalen oder Beispiele notieren.

Tag	1	2	3	4	5	6	7	8	9	10

Beispiel

Tag	11	12	13	14	15	16	17	18	19	20

Beispiel

Tag	21	22	23	24	25	26	27	28	29	30

Beispiel

Raum für innere Botschaften

Ein Satz meiner inneren Stimme heute …

Tag 1	
Tag 2	
Tag 3	
Tag 4	
Tag 5	
Tag 6	
Tag 7	
Tag 8	
Tag 9	
Tag 10	
Tag 11	
Tag 12	
Tag 13	
Tag 14	
Tag 15	

Raum für innere Botschaften

Ein Satz meiner inneren Stimme heute …

Tag 16	
Tag 17	
Tag 18	
Tag 19	
Tag 20	
Tag 21	
Tag 22	
Tag 23	
Tag 24	
Tag 25	
Tag 26	
Tag 27	
Tag 28	
Tag 29	
Tag 30	
Tag 31	

Auf die innere Stimme hören

Halte fest, wie du in dieser Woche auf deine innere Stimme gehört hast. Auch kleine Momente zählen – ein Gefühl, dem du vertraut hast, eine Pause, die du bewusst gemacht hast, oder eine Entscheidung aus deiner Intuition heraus.

Mo ______________________________

Di ______________________________

Mi ______________________________

Do ______________________________

Fr ______________________________

Sa ______________________________

So ______________________________

Was ich ignoriert habe

Dabei hätte ich besser auf meine innere Stimme hören sollen! Denke an Situationen zurück, in denen du deine Intuition übergangen hast – und notiere, was du daraus gelernt hast.

Datum	Situation ignoriert	Lektion gelernt

Dein Morgen-Ritual

Verfolge die Tage, an denen du deinen Morgen bewusst mit deiner inneren Stimme, deinem Atem oder einer stillen Reflexion begonnen hast.

Monat: ....

	Ritual vollendet? Ja/Nein	Deine Empfindungen danach ...
Tag 1		
Tag 2		
Tag 3		
Tag 4		
Tag 5		
Tag 6		
Tag 7		
Tag 8		
Tag 9		
Tag 10		
Tag 11		
Tag 12		
Tag 13		
Tag 14		
Tag 15		

Abendliche Reflexion

Halte fest, an welchen Abenden du bewusst bei dir selbst eingecheckt hast – indem du deinen Tag reflektiert, Spannungen losgelassen oder Dankbarkeit gespürt hast.

Monat: ....

	Reflexion beendet? Ja/Nein	Deine erzielten Erkenntnisse ...
Tag 1		
Tag 2		
Tag 3		
Tag 4		
Tag 5		
Tag 6		
Tag 7		
Tag 8		
Tag 9		
Tag 10		
Tag 11		
Tag 12		
Tag 13		
Tag 14		
Tag 15		

Muster erkennen

Welche Themen tauchen immer wieder in meiner inneren Führung auf?

Datum	**Thema / Symbolik / Botschaft**	**Wie es sich in mir manifestiert hat ...**

Anmerkungen / Erkenntnisse:

Übung: Stärkung innerer Weisheit

Probiere verschiedene Übungen aus, die deine Verbindung zu deiner eigenen inneren Stimme stärken:

Datum	Praxisart ✓	Dauer	mein Empfinden
	M N J S O		
	M N J S O		
	M N J S O		
	M N J S O		
	M N J S O		
	M N J S O		
	M N J S O		
	M N J S O		
	M N J S O		
	M N J S O		

M = Meditation N = Naturwanderung J = Tagebuch schreiben S = Stille O = Sonstiges

Erkenntnisse:

Inneres Stimmungsbarometer

Male dein aktuelles Maß an Selbstvertrauen auf dem Thermometer aus.

sehr hoch

sehr klein

Erkenntnisse:

Erfolgskontrolle

Reflektiere deine Woche:

Welche Erfolge hattest du?
Was hast du gelernt?
Welche Bereiche dürfen noch wachsen

Erfolge

- [ ] ____________________
- [ ] ____________________
- [ ] ____________________
- [ ] ____________________
- [ ] ____________________
- [ ] ____________________
- [ ] ____________________

Erkenntnisse

- [ ] ____________________
- [ ] ____________________
- [ ] ____________________
- [ ] ____________________
- [ ] ____________________
- [ ] ____________________
- [ ] ____________________

Erkenntnisse:

Dankbarkeit für innere Stimme

Schreibe jeden Tag etwas auf, das du an deiner inneren Stimme schätzt – ihre Führung, ihren Mut oder ihre sanften Erinnerungen.

Tag 1 ______________________________

Tag 2 ______________________________

Tag 3 ______________________________

Tag 4 ______________________________

Tag 5 ______________________________

Tag 6 ______________________________

Tag 7 ______________________________

Tag 8 ______________________________

Tag 9 ______________________________

Tag 10 ______________________________

Tag 11 ______________________________

Tag 12 ______________________________

Tag 13 ______________________________

Tag 14 ______________________________

Tag 15 ______________________________

Dankbarkeit für innere Stimme

Schreibe jeden Tag etwas auf, das du an deiner inneren Stimme schätzt – ihre Führung, ihren Mut oder ihre sanften Erinnerungen.

Tag 16 ______________________

Tag 17 ______________________

Tag 18 ______________________

Tag 19 ______________________

Tag 20 ______________________

Tag 21 ______________________

Tag 22 ______________________

Tag 23 ______________________

Tag 24 ______________________

Tag 25 ______________________

Tag 26 ______________________

Tag 27 ______________________

Tag 28 ______________________

Tag 29 ______________________

Tag 30 ______________________

Tag 31 ______________________

Visionen deiner inneren Stimme

Nutze diesen Raum für eine Collage, Zeichnungen oder Bilder, die die Botschaften und Visionen deiner inneren Stimme darstellen.

Meine innere Wahrheit

Schreibe deine tiefste Wahrheit in den Kreis in der Mitte und ergänze rundherum Gedanken, Gefühle und Erkenntnisse, die damit verbunden sind.

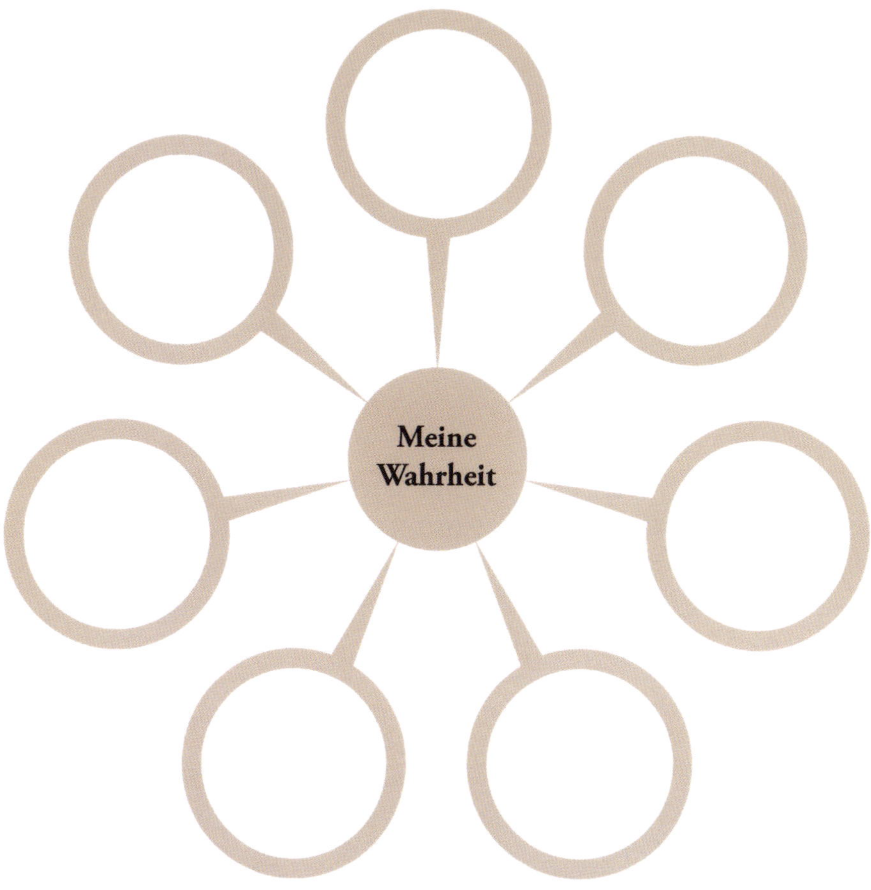

Die Farben deiner inneren Stimme

Nutze Farben, um die Energie, Stimmung und den Klang deiner inneren Stimme auszudrücken. Lass deiner Kreativität freien Lauf

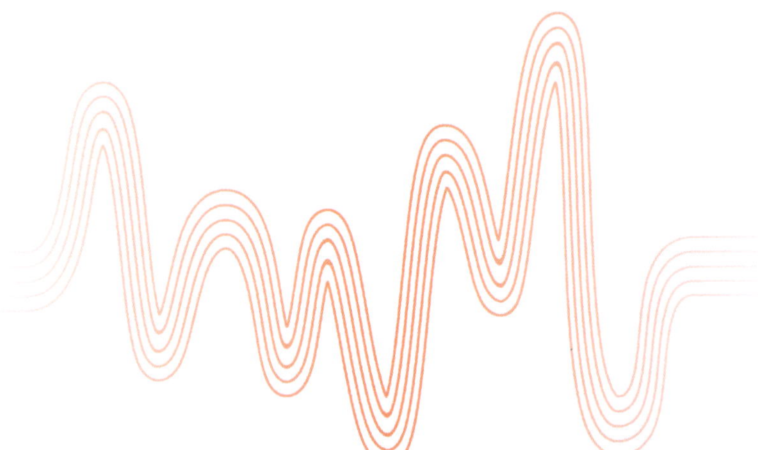

Symbol für meine innere Stimme

Zeichne oder beschreibe ein persönliches Symbol, das deine Wahrheit, deine innere Stimme oder deinen einzigartigen Ausdruck repräsentiert.

Tiefes Zuhören

Wenn ich wirklich tief zuhöre, bemerke ich:

Kraftvolle Gedanken

Schreibe persönliche und stärkende Aussagen auf, die deine Stimme und dein Selbstvertrauen unterstützen.

Konzentriere dich auf Worte, die dich gerade jetzt im Moment aufbauen und motivieren:

1 ______

2 ______

3 ______

4 ______

5 ______

Abschließende Reflexion

Wie hat sich meine Beziehung zu meiner inneren Stimme auf dieser Reise verändert?

Erkenntnisse:

Notizen

Printed in Poland
by Amazon Fulfillment
Poland Sp. z o.o., Wrocław

69991730R00029